# TU INVITACIÓN

# TU INVITACIÓN

**UN ESTUDIO DE DESCUBRIMIENTO DE 11 SESIONES
PARA GRUPOS PEQUEÑOS**

VÍA DIÁLOGO DEL EVANGELIO SEGÚN MARCOS

BASADO EN EL LIBRO, *LA INVITACIÓN*, ESCRITO POR
**JOHN DANNEMILLER E IRVING STUBBS**

ADAPTADO PARA USO DE GRUPOS PEQUEÑOS POR
**MICHELLE VAN LOON**

TRADUCIDO DEL INGLÉS POR
**DRA. FRANCELIA CHÁVEZ DE MCREYNOLDS**

Sé una nueva creación

## Tu Invitación

© 2022 Living Dialog Ministries
Apartado postal 15125
Richmond, VA 23227

Todos los derechos reservados

Publicado en los Estados Unidos de América por Living Dialog Ministries, una organización 501 (c) (3) exenta de impuestos. www.livingdialog.org

ISBN: 978-0-9890791-7-4

Las citas de las Escrituras, a menos que se indique lo contrario, se toman de LA SANTA BIBLIA NUEVA VERSIÓN INTERNACIONAL (NVI) Copyright © 1979, 2015 de la Sociedad Bíblica Internacional. Usado con permiso de Zondervan. Todos los derechos reservados.

Portada por Frank Gutbrod

18 17 16 15 14 13 7 6 5 4 3 2 1

*Impreso en los Estados Unidos de América.*

# CONTENIDO

**INTRODUCCIÓN** 07

**SESIÓN 1:** ¿Quién es este hombre? [Marcos 1:1–2:12] **12**

**SESIÓN 2:** ¿Cuál es la invitación de Jesús? [Marcos 2:13–3:30] **17**

**SESIÓN 3:** ¿Qué fue lo que dijo e hizo Jesús? [Marcos 4:1–5] **22**

**SESIÓN 4:** ¿Cómo es la vida de un discípulo? [Marcos 6:1–8:21] **28**

**SESIÓN 5:** ¿Por qué no entendieron a Jesús? [Marcos 8:27–10:12] **34**

**SESIÓN 6:** ¿Qué quieres que Jesús haga por ti? [Marcos 10:17– 11:18] **41**

**SESIÓN 7:** ¿Cómo veían a Jesús los que estaban en autoridad? [Marcos 11:19–12:44] **47**

**SESIÓN 8:** ¿El mensaje de Jesús sonaba como algo que la gente había escuchado antes? [Marcos 13:1–14:11] **54**

**SESIÓN 9:** ¿Cómo pasó Jesús los últimos días con los discípulos? [Marcos 14:12–14:52] **59**

**SESIÓN 10:** ¿Fue este el fin del camino de Jesús? [Marcos 14:53–15:39] **66**

**SESIÓN 11:** ¿Cómo puede una tumba vacía contener una invitación? [Marcos 15:40–16:20] **71**

**EPÍLOGO** 74

# INTRODUCCIÓN

Durante este estudio de once semanas, exploraremos juntos en el Nuevo Testamento el libro de Marcos, interactuando con el diálogo que Jesús tuvo con sus seguidores y otros. Nuestras reuniones son para cualquiera que piense que Jesús es alguien que podría valer la pena conocer mejor. Si tienes preguntas sobre lo que has oído acerca de Jesús o si tienes preguntas que te gustaría preguntarle, encontrarás estas reuniones especialmente interesantes.

Conoceremos mejor a Jesús y nos relacionaremos unos con otros a través de la conversación transformadora. A pesar de todas herramientas de la llamada alta comunicación tecnológica que tenemos a nuestra disposición, la mayor parte de nuestra comunicación habitual es bastante superficial. Estamos condicionados a hojear la superficie de las ideas y los acontecimientos sin descubrir las grandes verdades que yacen en lo más profundo de ellas.

Las experiencias son más ricas cuando se comparten, ¿no es así? Si te fuiste de viaje a un lugar exótico y viste cosas que nunca habías visto antes, ¿no querrías contárselo a alguien? Mejor todavía, ¿no te gustaría tener a alguien contigo para compartir el "¡Guau!"?

En tu grupo pequeño de compañeros que viajan juntos a través de Marcos, puedes compartir tus experiencias a través del diálogo. Si asocias la palabra "diálogo" con algo aburrido y con una disciplina académica tediosa, te invitamos a una diferente comprensión de la palabra. El diálogo es lo opuesto a una pequeña charla: Es una "gran" charla, una especie de compartir de corazón a corazón y que tiene el poder para transformar a todos los que participan en la conversación.

## Tipos de diálogos

Habrán diferentes tipos de diálogos que experimentaremos durante nuestras reuniones:

*Diálogo con Dios:* creemos que Dios nos llama a cada uno a una relación con Él. Esta relación nos da sentido y propósito para nuestras vidas. Dios quiere algo profundo, personal y comunicación abierta con nosotros.

*Diálogo con uno mismo:* mientras escuchas a escondidas las conversaciones de Jesús y espias los eventos de su vida, puedes tener pensamientos y sentimientos que aclaran, estiran y desafían tu comprensión de Jesús. Puedes pensar: "¿Realmente dijo eso?", "¿Me pregunto que quiso decir con eso?" o "yo nunca lo había pensado de esa manera antes".

*Diálogo con otras personas que están físicamente presentes:* el intercambio de pensamientos y sentimientos amplifica y profundiza tu entendimiento. Algunos de nosotros aprendemos de Jesús, otros de las palabras de otros.

*Diálogo con otras personas que no están presentes:* las palabras y las ideas de otras personas que has conocido interactúan con tus propios pensamientos y le dan forma a tus percepciones tanto positiva como negativamente.

## Invitación al diálogo

El tipo de diálogo que queremos cultivar en nuestro grupo no es otra palabra para "discusión" o "debate". La discusión es analítica y, por lo general, separa las cosas. En un debate, cada lado busca ganar puntos. El diálogo, por otro lado, es una forma en la que juntos buscamos entendimiento.

El diálogo está destinado a:

> no defender sino preguntar
> no discutir sino explorar
> no convencer sino descubrir

Nos escuchamos unos a otros para descubrir lo que se quiere decir. Suponemos que cada miembro del grupo tiene una parte de la respuesta a la pregunta, y que juntos, el grupo puede crear una nueva y mejor respuesta. Celebramos nuevos conocimientos, mayor claridad, y entendimientos más profundos cuando ocurren.

El acuerdo no es el propósito del diálogo. Es importante suspender el juicio sobre las contribuciones de otros. Los desacuerdos pueden verse como una forma diferente de ver un asunto. Los desacuerdos pueden estimular a un grupo a buscar significado y claridad que van más allá de las opiniones contradictorias iniciales.

## Cómo usar esta guía

Estas once sesiones guiarán tu grupo en un diálogo con Jesús y unos con otros a través del libro de Marcos en el Nuevo Testamento.

Esta guía no podría ser más sencilla de usar. ¡No se requiere de preparación previa ni de estudio! Algunos grupos pueden optar por comenzar cada reunión con oración, o tomar unos minutos para ponerse al día acerca de sus vidas.

Para lanzarte a tu tiempo de diálogo, tu facilitador o alguien de tu grupo leerá unos breves párrafos que son una mezcla de resumen y citas directas de la Biblia. Las citas directas de la Biblia están en *cursiva* en tu texto. Inmediatamente después de cada sección, encontrarás una pregunta o dos diseñadas para lanzar a tu grupo al diálogo sobre los hechos y temas planteados en el texto. Tu grupo debe detenerse al final de cada segmento de la sesión para considerar las preguntas que están al lado de esa parte antes de pasar al siguiente segmento del texto. Encontrarás preguntas adicionales al final de cada sesión si tu grupo está buscando más plática o para la reflexión personal.

Planifica una hora más o menos para el diálogo para cada reunión. Algunos grupos han ido mucho más allá de una hora debido a la intensidad y el disfrute del diálogo. El facilitador de tu grupo debe ser sensible al compromiso del tiempo que cada miembro ha hecho para el grupo. Asegúrate de que los miembros del grupo estén de acuerdo en ir más allá del tiempo establecido si el tiempo de discusión extendido parece ser justificado.

Recuerda que el facilitador de tu grupo no está ahí para responder como respondería un hombre o una mujer sino como respondería un entrenador. Cada miembro de tu grupo aporta conocimiento y valor al diálogo a medida que elaboran una respuesta juntos. Tu facilitador ayudará a honrar el compromiso de tiempo de tu grupo y lo guiará a través del material cada semana.

Cerrarás cada sesión con un diálogo en oración. Afirmar que Cristo ha estado contigo mientras compartiste una comida y hablado de Su Historia cada semana, es la base de este tiempo juntos. Los miembros de tu grupo pueden tener necesidades en sus vidas, preguntas e inquietudes planteadas a través del diálogo de la sesión. Esta guía ofrece algunos consejos generales sobre cómo orar conversacionalmente, así como sugerencias sobre cómo dar forma a tu experiencia de oración. La oración puede no ser una disciplina familiar para ti, pero puede ser tan simple como dialogar con un amigo. Y ¡tú lo eres!

Cada persona debe tomar su propia decisión de sí o no convertirse en un seguidor de Jesús. Esta decisión tiene trascendencia eterna. Esperamos y oramos para que tú y tu grupo caminen junto con Jesús. Con Marcos como guía, cada uno miembro será bendecido, desafiado y alentado a medida que consideran su invitación. Bien, comencemos con la Sesión Uno: ¿Quién es este hombre?

## SESIÓN 1

# ¿QUIÉN ES ESTE HOMBRE?
### Marcos 1:1-2:12

Un par de décadas después de que Jesús viviera, sus seguidores querían asegurarse que su historia continuara mucho después de que ellos murieran. De los cuatro relatos del ministerio de Jesús encontrados en el Nuevo Testamento, muchos eruditos creen que el relato de Marcos sobre Jesús fue el primero. La historia completa de Jesús narrada en el Evangelio de Marcos tiene lugar en un país del tamaño del estado de Nueva Jersey en un período de sólo tres años, pero cambió el curso de la historia y continúa impactando a la gente en la actualidad.

El relato de Marcos comienza con la predicación de Juan el bautista, un personaje poco convencional que pasó la mayor parte de su tiempo en el desierto. Llevaba ropa hecha de pelo de camello, y comía langostas y miel silvestre. Él creyó que era el mensajero de Dios, y la misión de su vida era preparar el camino para Jesús. Juan llamó a la gente al arrepentimiento.

Juan bautizaba a la gente en el río Jordán como señal de su limpieza y renovación. Un día, Jesús de Nazaret se dirigió al Jordán y le pidió a Juan que lo bautizara. En ese momento Juan se quedó atónito al darse cuenta de que el hombre que estaba delante de él no tenía nada de qué tuviera que arrepentirse.[1] Dijo, en efecto: *"No soy digno"*, pero bautizó a Jesús de todos modos. Cuando lo hizo, una voz desde el cielo declaró que Jesús era el Hijo amado de Dios.

Después de esto, Jesús se fue al desierto por cuarenta días para ayunar y orar. Al final de este período, experimentó una intensa tentación fuera de su misión, por parte de Satanás, pero emergió en Galilea proclamando que el reino de Dios estaba cerca. Él instó a sus oyentes a arrepentirse y a creer en estas buenas nuevas.

[Marcos 1:1-15]

> ¿Alguna vez te han dicho que necesitas arrepentirse? Si es así, ¿cómo te afectaron esas palabras? ¿Te arrepentiste?
>
> ¿Cuáles eran las buenas nuevas que predicaba Jesús? ¿Son buenas nuevas para ti personalmente? ¿Por qué sí o por qué no?

Jesús eligió llevar a cabo su ministerio a través de un pequeño grupo de hombres a los que llamó discípulos (que literalmente significa "aprendices"). Mientras caminaba por las orillas del mar de Galilea, llamó a dos pares de hermanos en el trabajo de pesca para venir a seguirlo. Su invitación era convincente para estos hombres. Ellos respondieron dejando todo atrás para seguirlo.

Jesús y sus nuevos seguidores fueron a un pueblo cercano llamado Cafarnaúm en el Sabbat[2] y entraron a la sinagoga.[3] Un hombre con

---

1. Arrepentirse significa que experimentas un profundo cambio de mente, un giro de tu voluntad en una nueva dirección y un propósito renovado para vivir.
2. El Sabbat judío comienza al atardecer del viernes por la noche y termina después de la puesta del sol el sábado por la noche.
3. Una sinagoga era un lugar de reunión donde la gente se reunía para orar, estudio de la Escritura y reuniones comunitarias.

un espíritu maligno entró y gritó: "¿*Qué quieres de nosotros, Jesús de Nazaret? ¿Has venido para destruirnos? ¡Sé quién eres, el Santo de Dios!*"

Jesús ordenó al espíritu que se callara y dejara al hombre. El espíritu inmundo convulsionó al hombre y salió de él. Aquellos que estaban reunidos en la sinagoga se asombraron de la autoridad de Jesús, y casi de inmediato, se corrió la voz de él.

Se dirigió con sus seguidores a la casa de los hermanos Simón (también conocido como Pedro) y Andrés. Jesús siguió asombrando a los que lo rodeaban mientras sanaba a la suegra de Pedro de una fiebre. Esa noche, como si fuera convocada a una gran celebración, la gente empezó a traer a los que estaban enfermos o poseídos por demonios a Jesús. Sanó y liberó a muchas personas desesperadas.

Cuando Jesús y sus seguidores comenzaron a viajar por la región, continuó haciendo milagros. Noticias sobre él viajaron como reguero de pólvora a través de un desierto seco. Como resultado, Jesús ya no podía entrar abiertamente en alguna ciudad, sino que se quedaba afuera en lugares solitarios. Sin embargo, la gente todavía venía a él de todas partes.

[Marcos 1:16–45]

> **¿Te imaginas dejar todo lo que estás haciendo para seguir a un completo extraño? ¿Crees que había algo en Jesús que los atraía? ¿Qué podría haber sido eso?**
>
> **¿Por qué crees que Jesús eligió comenzar su ministerio con sanidades y liberaciones? ¿Qué cualidades demostró Jesús en estos milagros?**

Cuando Jesús volvió a la casa de Cafarnaúm, la gente llenó la casa y el patio circundante. Cuatro hombres intentaron llevar a un hombre paralítico hacia él con la esperanza de que Jesús lo sanara. No había forma de que pudieran navegar su camilla para acercarse a Jesús, así que subieron al hombre al techo, abrieron un agujero entre las vigas y lo bajaron a la casa.

Al ver Jesús la fe de ellos dijo al paralítico: *"Hijo, tus pecados quedan perdonados".*

No todos tomaron su audaz declaración como una buena noticia. Unos escribas, hombres expertos en la ley de Moisés[4], consideraron lo que Jesús dijo como una blasfemia[5]. Creían que sólo Dios podía perdonar pecados.

Jesús respondió: *"¿Qué es más fácil, decirle al paralítico: "Tus pecados son perdonados", o decirle: "Levántate, toma tu camilla y anda"?* Se dirigió entonces al paralítico y dijo: *"A ti te digo, levántate, toma tu camilla y vete a tu casa".* El hombre hizo como Jesús dijo.

Y la multitud quedó atónita por lo que acababan de presenciar.

[Marcos 2:1-12]

> ¿Qué impresionó a Jesús acerca de los cuatro hombres que le trajeron a su amigo paralítico? ¿Tienes amigos así?
>
> ¿Qué nos dice su reacción al evento de los escribas? ¿Qué crees que concluyeron de lo que dijo e hizo Jesús?

---

4   La Ley de Moisés se encuentra en los primeros cinco libros del Antiguo Testamento.
5   La blasfemia es el delito de apropiarse de los derechos o cualidades perteneciente sólo a Dios.

# PARA MAYOR DISCUSIÓN O REFLEXIÓN PERSONAL:

[MARCOS 1:1-15]
El evangelio de Marcos registra que una voz audible del cielo declaró que Jesús era el Hijo de Dios, y que Satanás tentó a Jesús en el desierto ¿Estos acontecimientos sobrenaturales añaden o restar valor a este relato? ¿Por qué Satanás hizo esto?

[MARCOS 1:16-45]
¿Crees que lo que la Biblia llama "espíritus inmundos" o "posesión demoníaca" exista en nuestros días? ¿Por qué sí o por qué no?

[MARCOS 2:1-12]
¿Qué nos dice este evento acerca de cómo Jesús se vio a sí mismo?

¿Cuáles son tus impresiones acerca de este relato?

## SESIÓN 2

# ¿CUÁL ES SON TUS IMPRESIONES DE JESÚS?

Marcos 2:13-3:30

Durante esta sesión, seguiremos a Jesús mientras que su ministerio cambia a una velocidad más elevada. Está ganando muchos seguidores con sus palabras llenas de dinamismo y milagros, pero también está haciéndose de enemigos.

Jesús y su pequeño grupo de discípulos regresaron a las costas del Mar de Galilea. Él vio a un recaudador de impuestos [6] llamado Leví sentado en su oficina y le dijo: *"Sígueme"*.

Leví se alejó de su trabajo para seguir a Jesús. Cuando Jesús y sus seguidores aceptaron la invitación de Leví para cenar en su casa, un grupo llamado fariseos [7] cuestionó el juicio de Jesús. ¡Cómo se atreve este joven líder *religioso* a codearse con recaudadores de impuestos y pecadores como Leví!

---

6    En aquellos días, el trabajo de recaudador de impuestos se otorgaba al mejor postor. El "ganador" del trabajo podría cobrar cualquier impuesto que quisiera para cubrir y exceder - su inversión. Los judíos en los días de Jesús tenían que pagar un tercio de sus ingresos al gobierno romano por concepto de impuestos. Como servían como agentes del odiado Imperio Romano, muchos consideraban a los recaudadores de impuestos como traidores quienes estaban dispuestos a venderse a los supremos señores romanos.

7    Los fariseos eran la rama ultraobservadora del judaísmo durante la época de Cristo. Además de su reputación como los pioneros espirituales de su época, los fariseos tenían una gran parte del poder político.

17

¿La respuesta de Jesús a su preocupación? *"No son los sanos los que necesitan médico, sino los enfermos. Y yo no he venido a llamar a justos, sino a pecadores".*

[Marcos 2:13-17]

> **¿Alguna vez has sentido un llamado de Jesús hacia ti? Si es así, ¿cómo respondiste?**

Un Sabbat, los fariseos espiaron a Jesús y a sus seguidores mientras iban caminando por un campo y arrancaban y comían cabezas de grano a medida que avanzaban. Los fariseos desafiaron a Jesús porque ellos creían que este era un acto de *"trabajo"* que violaba el mandato de Dios de descansar en el Sabbat. Jesús señaló que el rey David y sus compañeros habían entrado una vez en la casa de Dios y habían comido pan reservado sólo para los sacerdotes. Y añadió: *"El sábado se hizo para el hombre, y no el hombre para el sábado. Así que el Hijo del hombre[8] es Señor incluso del sábado".*

Poco tiempo después, Jesús y sus amigos entraron a una sinagoga de la localidad. Los fariseos miraban con suspicacia cómo Jesús invitaba a un hombre con una mano arrugada y desfigurada a venir a él. Jesús los miró y preguntó: *"¿Qué está permitido en sábado: hacer el bien o hacer el mal, salvar una vida o matar?* Pero ellos permanecieron callados.

---

8   Hijo del Hombre era un título usado en todo el Antiguo Testamento, más frecuentemente para referirse a un ser humano específico. Jesús se refiere a sí mismo usando este título para demostrar tanto su humanidad como su relación única con el Padre.

Jesús se erizó y se afligió por la dureza de su corazón. Le preguntó al hombre que extendiera su mano, y fue restaurada por completo.

Los fariseos salieron y fueron a conspirar con los herodianos[9] de cómo destruir a Jesús.

[Marcos 2:18–3:6]

> ¿Por qué crees que los fariseos querían destruir a Jesús? ¿Cuáles serían sus motivos?
>
> ¿Alguna vez has visto personas en nuestros días que "juegan el fariseo" en la forma en que reaccionan ante Jesús? ¿Quiénes son? ¿Por qué crees que eligen comportarse de esta manera?

Jesús se retiró a las colinas de Galilea para un breve respiro e invitó a varios otros a seguirlo, y lo hicieron. Él nombró a doce para estar con él como su círculo íntimo de apóstoles (que significa mensajeros), también conocidos como discípulos[10]. Jesús envió a sus discípulos a predicar las buenas nuevas de que el reino de Dios había llegado a la comunidad y los empoderó para echar fuera demonios.

Después de llamar a los discípulos, Jesús aprovechó el momento para enseñar una profunda lección sobre dos temas de eternas

---

9   Los herodianos eran miembros de un partido político amigo de Herodes, quien afirmaba ser "rey de los judíos".
10  Los discípulos eran alumnos devotos que seguían a un líder (en aquellos días, un rabino o maestro) y llevaban las enseñanzas y prácticas del maestro.
11  El Espíritu Santo es quien convence a las personas de que han quebrantado las leyes de Dios y por lo tanto necesitan un Salvador; el Espíritu Santo dirige a la gente a Jesús.

**19**

consecuencias — el pecado y el ministerio del Espíritu Santo 11— antes de enviarlos a predicar. *"Les aseguro que todos los pecados y blasfemias se les perdonarán a todos por igual, excepto a quien blasfeme contra el Espíritu Santo. Este no tendrá perdón jamás; es culpable de un pecado eterno".*

[Marcos 3:13-30]

> **¿Qué te viene a la mente cuando escuchas la palabra "pecado"? ¿Cuál es tu visión sobre el pecado? ¿Qué crees que es la visión de Dios sobre el pecado? ¿Te sientes perdonado de todos tus pecados? Si es así, ¿por qué?**

# PARA MAYOR DISCUSIÓN O REFLEXIÓN PERSONAL:

## [MARCOS 2:13-17]
Ponte en el lugar de Leví. ¿Cómo crees que te sentirías sobre la invitación de Jesús?

¿Qué es lo que más te llama la atención sobre el llamamiento de Leví el recaudador de impuestos?

## [MARCOS 2:18-3:6]
¿Qué quiso decir Jesús cuando les dijo a los fariseos: "El Sabbat fue hecho para el hombre"?

El Sabbat está destinado a ser un día reservado para el descanso. ¿Guardas tú el día de reposo? ¿Cómo? ¿Por qué crees que es importante hacerlo?

## [MARCOS 3:13-30]
¿Qué crees que fue lo que Jesús encargó a los discípulos que predicaran?

¿Te sorprende que les haya dado potestad de echar fuera demonios? ¿Por qué?

¿Te sorprende que Jesús se refiriera a un pecado que nunca puede ser perdonado? ¿Por qué?

# SESIÓN 3

# ¿QUÉ FUE LO QUE DIJO E HIZO JESÚS?

Marcos 4:1-5:34

Aunque Jesús estaba atrayendo multitudes cada vez más grandes, su ministerio estuvo marcado por todo tipo de encuentros inusuales con individuos desesperados. Cada encuentro fue único; cada resultado trajo una mayor comprensión sobre el tipo de reino al que Jesús estaba invitando a la gente. Pero incluso sus seguidores más cercanos no siempre "lo entendieron".

Cuando llegaron las noticias a su familia sobre todo lo que Jesús estaba haciendo, lo vinieron a buscar. Jesús dijo a aquellos a su alrededor que cualquiera que buscara hacer la voluntad de Dios era su familia.

Regresó a la orilla del mar, subió a un bote y se adentró en el agua para dirigirse a la multitud que se había reunido para escucharlo. Usaba parábolas 12 para pintar un cuadro en las almas de los oyentes acerca del tipo de reino revolucionario al que estaba invitándolos.

Contó una parábola acerca de un labrador que salió a sembrar: *"Un sembrador salió a sembrar. Sucedió que al esparcir él la semilla,*

---

12   Las parábolas son historias sencillas elaboradas a partir de la vida cotidiana que revelan verdades profundas.

*una parte cayó junto al camino, y llegaron los pájaros y se la comieron. Otra parte cayó en terreno pedregoso, sin mucha tierra. Esa semilla brotó pronto porque la tierra no era profunda; pero, cuando salió el sol, las plantas se marchitaron y, por no tener raíz, se secaron. Otra parte de la semilla cayó entre espinos que, al crecer, la ahogaron, de modo que no dio fruto. Pero las otras semillas cayeron en buen terreno. Brotaron, crecieron y produjeron una cosecha que rindió el treinta, el sesenta y hasta el ciento por uno".* Después Jesús dijo: *"El que tenga oídos para oír, que oiga"*[13]

**¿Qué crees que quiso decir Jesús cuando dijo que el que hace la voluntad de Dios es su familia? ¿Te sientes parte de la familia de Dios? ¿Por qué sí o por qué no?**

Jesús continuó su enseñanza: *"¿Acaso se trae una lámpara para ponerla debajo de un cajón o debajo de la cama? ¿No es, por el contrario, para ponerla en una repisa? No hay nada escondido que no esté destinado a descubrirse; tampoco hay nada oculto que no esté destinado a ser revelado".*

*"Pongan mucha atención* —añadió—. *Con la medida que midan a otros, se les medirá a ustedes, y aún más se les añadirá. Al que tiene, se le dará más; al que no tiene, hasta lo poco que tiene se le quitará".*

Aquella tarde, mientras cruzaban el mar de Galilea, se levantó una furiosa borrasca y azotó el mar hasta convertirlo en una agitada espuma. Las olas irrumpían sobre los rieles y el bote comenzó a llenarse de agua. Mientras tanto, Jesús estaba profundamente dormido en la parte trasera de la barca. Los aterrorizados

---

13 Jesús explica el significado de la parábola a sus discípulos en Marcos 4:13-20

discípulos despertaron a Jesús y le preguntaron si le importaba que todos iban a morir. Con una palabra, Jesús instantáneamente calmó la tormenta y les preguntó: *"¿Por qué tienen tanto miedo? — dijo a sus discípulos—¿Todavía no tienen fe?"*

Estaban aterrorizados y se preguntaban unos a otros: *"¿Quién es este, que hasta el viento y el mar le obedecen?"*

[Marcos 4:21-41]

> **¿Ha habido un momento en tu vida en el que tenías miedo de que algo terrible iba a pasar o que te ibas a morir? Describe esa experiencia. ¿Qué te hizo tener ese miedo? ¿Cómo le hiciste para superar o aliviar ese miedo?**
>
> **¿Qué crees que quiso decir Jesús cuando relacionó el "temor" con la "falta de fe"?**

Después de otro episodio sensacional donde Jesús liberó a un hombre de la prisión de los demonios en la que el hombre había vivido durante mucho tiempo, Jesús y sus discípulos llegaron al otro lado del Mar de Galilea. Un líder de la sinagoga llamado Jairo se reunió con el grupo, cayó a los pies de Jesús y le rogó que viniera con a su casa para curar a su hija moribunda de doce años. Mientras hablaban, llegó la noticia a Jairo de que su hija efectivamente había muerto. Jesús trajo a sus discípulos Pedro, Santiago y Juan a la casa de Jairo. Cuando llegaron, encontraron un triste alboroto con gente llorando y lamentándose.

Jesús entró en la casa y anunció que la niña no estaba muerta, sino solamente dormida. Jesús tomó a sus discípulos y a los padres de la niña, se acercó a la niña y le dijo: *"Niña, a ti te digo, ¡levántate!"* Inmediatamente, ella se puso de pie y caminó alrededor. Los presentes estaban atónitos y asombrados. En este caso, Jesús les encargó que no dijeran a nadie lo que había sucedido.

[Marcos 5:1-24, 35-43]

Cuando Jesús y los demás se dirigían a la casa de Jairo, una mujer que había estado sangrando durante doce años se apretujó a través de la multitud para tratar de llegar a Jesús. A pesar de gastar todo lo que tenía en busca de una cura, había empeorado con los años.

Cuando oyó hablar de Jesús, se le acercó por detrás de la multitud y tocó su manto, porque pensaba: *"Si logro tocar siquiera su ropa, quedaré sana".* Inmediatamente ella dejó de sangrar y sintió en su cuerpo que había sido liberaba de su sufrimiento.

De inmediato Jesús se dio cuenta de que poder había salido de él. Se dio la vuelta entre la multitud y preguntó: *"¿Quién me ha tocado?"*

Los discípulos señalaron lo obvio: estaban rodeados por una gran multitud ansiosa. Pero Jesús siguió mirando a su alrededor para ver quién lo había hecho. Temblando de miedo, la mujer le dijo a Jesús la verdad.

Él le dijo: *"¡Hija, tu fe te ha sanado! Vete en paz y queda sana de tu aflicción".*

[Marcos 5:24-34]

Aunque a menudo escuchamos el cliché: ¡*"vamos"* . . . *sal de tu zona de confort!*, a menudo son problemas de salud, relaciones quebrantadas o crisis financieras que nos arrastran fuera de esa zona y nos llevan a un lugar de desesperación.

¿Te sorprende que un líder religioso como Jairo viniera a Jesús con su súplica? ¿Por qué sí o por qué no? ¿Qué poder mostró Jesús en este acontecimiento? ¿Qué te dice este acontecimiento acerca de quién es Jesús?

¿Crees que la fe tiene el poder de sanar? ¿Por qué sí o por qué no?

*humanas". Ustedes han desechado los mandamientos divinos y se aferran a las tradiciones humanas".*

Además, desafió a la multitud que miraba esta conversación a reconsiderar sus ideas de pureza: *"Nada de lo que viene de afuera puede contaminar a una persona. Más bien, lo que sale de la persona es lo que la contamina".*

[Marcos 7:1-20]

> **Basado en esta conversación entre Jesús y los fariseos, ¿cómo crees que se sentía Jesús acerca de las tradiciones religiosas? ¿Qué quiso decir Jesús con impuro?**
>
> **¿Qué verdad está enseñando Jesús en este pasaje?**

Luego Jesús fue a un pueblo no judío del cual los escribas y fariseos habían insistido que estaba fuera de alcance, y respondió a un acto de fe en él de parte de una mujer gentil al sanar a su hija. Mientras viajaba desde ese pueblo, sanó a un hombre sordo que no podía hablar.

Aunque le pidió a la gente que no le dijeran a nadie sobre lo que lo habían visto hacer, la noticia de estas maravillas se difundió rápidamente. Las multitudes lo siguieron a las regiones remotas que él y sus discípulos estaban recorriendo. Realizó otro milagro masivo, multiplicando siete pequeños panes y un puñado de peces para alimentar a más de 4000 personas.

A raíz de estos dramáticos acontecimientos, los fariseos se acercaron a Jesús y le pidieron que les diera una señal del cielo. Les dijo que no se les daría ninguna señal a ellos y a sus seguidores.

Mientras Jesús y sus discípulos partían en la barca, el grupo de repente se dio cuenta que no había traído consigo mucha comida para su viaje.

Aún reflexionando sobre su conversación a la orilla con los fariseos, Jesús les dijo a los discípulos que tuvieran cuidado con la levadura de los fariseos y de Herodes. La levadura (levadura) es un ingrediente potente que hace que la masa suba. Sus oyentes entendieron que la levadura era una imagen espiritual de la naturaleza penetrante y transformadora del pecado. Jesús les recordó de la reciente alimentación masiva y milagrosa y agregó: *"¿Por qué están hablando de que no tienen pan? ¿Todavía no ven ni entienden? ¿Tienen la mente embotada? ¿Es que tienen ojos, pero no ven, y oídos, pero no oyen?*

[Marcos 7:24-8:21]

> **¿Qué piensas de la falta de entendimiento de los discípulos?**
>
> **¿Qué opinas de la aparente frustración de Jesús con su falta de entendimiento?**

# PARA MAYOR DISCUSIÓN O REFLEXIÓN PERSONAL:

## [MARCOS 6:1-29]

¿Qué clase de poder da Jesús cuando empodera a la gente hoy? ¿Es de la misma naturaleza como lo describe este pasaje? ¿Por qué lo dices?

## [MARCOS 6:30-56]

Después de estos eventos, ¿qué esperarías que los discípulos entendieran acerca de cuál es la verdad acerca de Cristo?

¿Cómo describirías la relación entre Jesús y sus discípulos en este punto de su caminar juntos?

## [MARCOS 7:1-20]

¿Cuál era el punto principal que Jesús estaba haciendo acerca de las prácticas de los fariseos?

Jesús llamó a los fariseos y escribas "hipócritas". ¿Qué quiso decir con eso?

## [MARCOS 7:24-8:21]

¿Por qué Jesús se negó a dar a los fariseos una señal del cielo?

¿Ves algún paralelismo entre las diferentes formas en que las personas respondieron a Jesús en los relatos que hemos explorado y las formas en que tú respondes a él? ¿Cómo es esto?

## SESIÓN 5

# ¿POR QUÉ NO ENTENDIERON A JESÚS?

Marcos 8:27-10:12

Por muchas generaciones, los fariseos y los escribas habían confiado en su estricta observancia del ritual religioso para asegurarse ellos mismos (y a todos los demás) que estaban en buenos términos con Dios. Las palabras y obras de Jesús desafiaron este *estatus quo*. Estos líderes religiosos le preguntaron a Jesús sobre sus motivos y su identidad en todo momento.

Pero los fariseos y los escribas no fueron los únicos que no podían entender quién era o por qué hacía las cosas que hacía. Incluso aquellos que se llamaban a sí mismos sus amigos no entendían siempre su mensaje.

Jesús preguntó a sus discípulos: *"¿Quién dice la gente que Yo soy?"* Ellos le dijeron que algunos pensaban que era Juan el Bautista resucitado de entre los muertos, algunos pensaban que era el profeta Elías, y otros pensaron que era uno de los otros profetas. Entonces Jesús los desafió: *"Pero ¿y ustedes? ¿Quién dicen que Yo soy?"*

Pedro exclamó: *"¡Tú eres el Cristo!"*

Cuando Pedro respondió: *"Tú eres el Cristo"* ("el Ungido" en griego), estaba expresando su confianza en que Jesús era el Mesías, el Rey por quien el pueblo de Dios experimentaría la victoria final de Dios en la historia.

Después de instar a los discípulos a que guardaran su identidad, Jesús les dijo lo que le esperaba: Él sería rechazado por los ancianos, los principales sacerdotes y los maestros de la ley. Lo iban a matar en última instancia, y después de tres días, resucitaría de nuevo. Pedro, indignado ante la sola sugerencia de tal final del ministerio de Jesús, tomó aparte a Jesús y lo reprendió por decir tales cosas.

Pero Jesús hizo callar a Pedro diciendo: *"¡Aléjate de mí, Satanás!"*. *"Tú no piensas en las cosas de Dios, sino en las de los hombres"*.

Jesús reunió a sus discípulos y a la multitud que estaba siguiéndolos para que escucharan lo que tenía que decir a continuación:

*"Si alguien quiere ser mi discípulo —les dijo—, que se niegue a sí mismo, lleve su cruz y me siga. Porque el que quiera salvar su vida la perderá; pero el que pierda su vida por mi causa y por el evangelio la salvará. ¿De qué sirve ganar el mundo entero si se pierde la vida?"*

[Marcos 8:27-28]

> **Si estuvieras en los zapatos de Pedro, ¿cómo te sentirías por la reprimenda de Jesús? ¿Por qué?**
>
> **¿Qué significaría para ti tomar tu cruz y negarte a ti mismo? ¿Qué significaría para ti perder tu vida por causa de Jesús?**

Mientras Jesús y sus discípulos continuaban su viaje, algunos de los discípulos se encontraron con un hombre que echaba fuera demonios en el nombre de Jesús que no había sido parte de su grupo.

En un momento, cuando se imaginaban que estaban fuera del alcance del oído de Jesús, los discípulos discutían sobre cuál de ellos era el más importante. Cuando llegaron a su destino en la ciudad de Cafarnaúm, Jesús preguntó qué era lo que estaban discutiendo. El grupo respondió permaneciendo en silencio.

*"Si alguno quiere ser el primero, que sea el último de todos y el servidor de todos. Luego tomó a un niño y lo puso en medio de ellos. Abrazándolo, les dijo:* —*El que recibe en mi nombre a uno de estos niños me recibe a mí; y el que me recibe a mí no me recibe a mí, sino al que me envió".*

Luego, Juan le contó a Jesús sobre el hombre que habían conocido y que había estado expulsando demonios en su nombre, explicando que le habían dicho que se detuviera *"porque no era de los nuestros".*

Jesús respondió: *"El que no está contra nosotros está a favor de nosotros".*

[Marcos 9:14–40]

> Jesús sostuvo al niño ante sus discípulos como modelo de sí mismo — recibir a un niño es recibir a Dios. ¿Qué es lo que tiene un niño que pone un ego en la perspectiva correcta?

Marcos luego informa sobre una lista de actos que conducirían a graves consecuencias:

- El que induzca al pecado a un niño que cree en Jesús... le sería mejor tener una gran piedra de molino colgada alrededor de su cuello y ser arrojado al mar.
- Si tu mano te hace pecar, córtala... es mejor ser mutilado que con dos manos ir al fuego inextinguible del infierno.
- Si tu pie te hace pecar, córtatelo... es mejor entrar cojo en la vida que con dos pies ser arrojado al infierno.
- Si tu ojo te hace pecar, sácalo... es mejor entrar en el Reino de Dios con un ojo que con dos ojos ser arrojado al infierno.

Poco tiempo después de que esta conversación tomara lugar, estando Jesús en medio de una animada discusión con los fariseos, la gente traía niños a Jesús para que los pudiera tocar y bendecir. Los discípulos intervinieron y reprendieron a estas personas: tal vez no queriendo que perturbaran su enseñanza. Cuando Jesús vio lo que estaban haciendo, se indignó y les dijo: «*Dejen que los niños vengan a mí, y no se lo impidan, porque el reino de Dios es de quienes son como ellos. Les aseguro que el que no reciba el reino de Dios como un niño de ninguna manera entrará en él*». Y tomó a los niños en sus brazos, y ponía sus manos sobre ellos y los bendecía.

[Marcos 9:42-10:16]

> **¿Qué quiere decir Jesús con recibir el Reino de Dios como un niño? ¿Cómo puede un adulto recibir el Reino de Dios como un niño pequeño? ¿Has hecho esto tú?**

Entonces Jesús invitó a Pedro, Santiago y a Juan a salir con él hacia las montañas al norte del mar de Galilea. Los tres vieron a Jesús transfigurarse (cambiar de apariencia). Su ropa se volvió de un blanco deslumbrante, y figuras del Antiguo Testamento como Moisés y Elías se unieron a él ahí. En medio de esta experiencia, una nube rodeó al grupo, y una voz habló: *"Este es mi Hijo, a quien Yo amo. ¡Escúchenlo a él!"* Jesús le pidió a Pedro, Santiago y a Juan guardar esta experiencia para ellos hasta después de que él hubiera resucitado de entre los muertos. Sabía que serían capaces de comprender mejor el poder y el significado de lo que habían presenciado una vez que experimentaran su resurrección.

> **Reflexiona por un momento cómo el recuerdo de esta experiencia podría haber reformado la manea en que estos discípulos oraban en los años posteriores después de que estas cosas sucedieron. ¿Cómo podría afectar tu vida de oración ahora?**

Jesús y sus discípulos viajaron a la región de Judea más allá del río Jordán. Multitudes acudían para escuchar a Jesús enseñar. Como era habitual, hubo críticos y escépticos mezclados a lo largo de la multitud. Unos fariseos pusieron a Jesús a prueba con una pregunta acerca de si era lícito que un hombre se divorciara de su esposa.

*¿Qué les mandó Moisés?* —replicó Jesús.

Ellos dijeron: *"Moisés permitió que un hombre le escribiera un certificado de divorcio y la despidiera".*

*"Esa ley la escribió Moisés para ustedes por lo obstinados que son—* aclaró Jesús—. *Pero al principio de la creación Dios "los hizo hombre*

*y mujer". "Por eso dejará el hombre a su padre y a su madre, y se unirá a su esposa, y los dos llegarán a ser un solo cuerpo". Así que ya no son dos, sino uno solo. Por tanto, lo que Dios ha unido, que no lo separe el hombre".*

Cuando los discípulos le pidieron a Jesús que explicara esto, él dijo que cualquiera que se divorcia y se vuelve a casar comete adulterio.

[Marcos 10:1-12]

> **Jesús dejó clara su postura sobre el matrimonio y el divorcio. ¿Hay algo que te gustaría preguntarle ¿sobre esto? ¿Qué sería eso? A partir de todo lo que conoces de Jesús, ¿cómo crees que respondería a tu pregunta?**

# PARA MAYOR DISCUSIÓN O REFLEXIÓN PERSONAL:

## [MARCOS 8:27-38]
Cuando Jesús preguntó a sus amigos acerca de su identidad, la respuesta de Pedro fue: "Tú eres el Cristo". Si tú dijeras: "Jesús es el Cristo", ¿qué quisieras decir con eso? ¿Estarías indeciso de hacer tal declaración? Si es así, ¿por qué?

¿Por qué crees que Jesús mandó a sus discípulos a guardar su secreto de identidad?

## [MARCOS 9:14-39]
Si hubieras estado entre los discípulos cuando iban discutiendo quién era el más grande, ¿qué les hubieras dicho?

## [MARCOS 9:42-10:16]
Jesús pintó cuadros vívidos de las consecuencias de ceder a las tentaciones. ¿Qué significan estas palabras para ti? ¿Qué significa para ti cuando escuchas a Jesús decir que es mejor cortarse la mano que arriesgarse a ir al infierno? ¿A qué tipos de comportamientos se estaría refiriendo Jesús?

## [MARCOS 10:1-12]
¿Cómo crees que Jesús le respondería a una persona divorciada que viniera a él? ¿A una persona divorciada que se volvió a casar? ¿A una persona que se divorció y se volvió a casar más de una vez?

## SESIÓN 6

# ¿QUÉ ES LO QUE QUIERES QUE JESÚS HAGA POR TI?

Marcos 10:17-11:18

En esta sesión, escucharemos a Jesús cuando continuaba enfatizando la naturaleza contracultural de su misión tanto con sus palabras clarificadoras como con su ministerio de sanidad, y síguelo hacia Jerusalén. Aunque nadie que viajaba con Jesús se dio cuenta en ese momento, cuando el grupo de discípulos y seguidores giraron hacia el sur, hacia la Ciudad Santa, se dirigían hacia un enfrentamiento como nunca el mundo lo había experimentado anteriormente.

Después de que Jesús enfatizara que solo aquellos con la simple fe de un niño pequeño podrían llegar a ser parte del reino de Dios, un hombre desesperado por ser parte de este reino corrió se acercó a Jesús y le preguntó qué debía hacer para heredar la vida eterna. Jesús le recordó los Diez Mandamientos. El hombre respondió que los había guardado todos desde que era niño:

*"Una sola cosa te falta: anda, vende todo lo que tienes y dáselo a los pobres, y tendrás tesoro en el cielo. Luego ven y sígueme".* A esto, el rostro del hombre decayó. Y se fue triste porque tenía muchas riquezas.

Entonces Jesús dijo a sus discípulos: *¡Qué difícil es para los ricos entrar en el reino de Dios!* Los discípulos estaban asombrados de sus palabras. Jesús añadió esto: *"Le resulta más fácil a un camello pasar por el ojo de una aguja que a un rico entrar en el reino de Dios".* Los discípulos estaban aún más asombrados y preguntaron: *«Entonces, ¿quién podrá salvarse?»* Jesús los miró y dijo: *"Para los hombres es imposible, pero no para Dios; de hecho, para Dios todo es posible".*

[Marcos 10:17–31]

> **Muchos de los que vivieron durante la época de Jesús comparaban las riquezas con la bendición de Dios. ¿Cuál es el mensaje de Jesús al hombre que poseía grandes riquezas? ¿Crees que esto significa que los que son ricos no pueden ser salvos?**

Dos de los discípulos, los hermanos Santiago y Juan, regresaron a un tema que había surgido con frecuencia en el grupo cuando le pidieron a Jesús posiciones importantes junto a él en la gloria. *"No saben lo que están pidiendo",* les dijo Jesús. *"¿Pueden acaso beber el trago amargo de la copa que yo bebo, o pasar por la prueba del bautismo con el que voy a ser probado?"* Jesús dijo a la pareja que no era su papel asignar asientos en el reino de Dios.

Cuando los otros discípulos oyeron esto, se enojaron con Santiago y Juan. Pero de nuevo Jesús les recordó a todos: *"Como ustedes saben, los que se consideran jefes de las naciones oprimen a los súbditos, y los altos oficiales abusan de su autoridad. Pero entre ustedes no debe ser así. Al contrario, el que quiera hacerse grande entre ustedes deberá ser su servidor, y el que quiera ser el primero deberá ser esclavo de todos. Porque ni aun el Hijo del hombre vino para que le sirvan, sino para servir y para dar su vida en rescate por muchos".*

[Marcos 10:32–45]

> ¿Cuál es tu punto de vista sobre el "estatus" en el reino de Dios? ¿Cómo cuadra tu punto de vista con los ideales de nuestra cultura?

Luego, Jesús y sus discípulos viajaron a Jericó, donde Bartimeo, un ciego mendigo, gritó: *"¡Jesús, Hijo de David, ten compasión de mí!"* mientras que el grupo y una gran multitud pasaban frente a él en el camino fuera de la ciudad. Los que estaban cerca de él lo reprendían y le dijeron que se callara, pero él gritó aún con más intensidad. Jesús se detuvo y llamó al hombre. *"¿Qué quieres que haga por ti?"* preguntó Jesús.

El ciego dijo: *"Rabí, quiero ver"*.

*"Ve"*, dijo Jesús. *"Tu fe te ha sanado"*. Inmediatamente el hombre recobró la vista y comenzó a seguir a Jesús.

[Marcos 10:46–52]

> Si Jesús estuviera aquí ahora mismo y te preguntara: "¿Qué quieres que haga por ti?" ¿Qué responderías?

Jesús y los discípulos llegaron a los pueblos de Betfagé y Betania en el Monte de los Olivos, en las afueras de Jerusalén. Jesús envió a dos de sus discípulos por delante para localizar un pollino en el que no se había montado nadie y estaba amarrado en el pueblo de al lado. *"Y, si alguien les dice: "¿Por qué hacen eso?", díganle: "El Señor lo necesita, y en seguida lo devolverá""*.

Hicieron lo que se les dijo y obtuvieron la respuesta que Jesús predijo. Jesús montó el animal hacia Jerusalén mientras que una multitud bordearon la ruta para darle la bienvenida. Algunas personas arrojaban sus mantos cruzando el camino delante de él, y otros extendían ramas que habían cortado en los campos cercanos. La multitud gritaba: *"¡Hosanna! ¡Bendito el que viene en el nombre del Señor! ¡Bendito el reino venidero de nuestro padre David!"*

[Marcos 11:1–11]

> **¿Cómo describirías el comportamiento de la multitud? ¿Sus expectativas sobre Jesús?**

Jerusalén estaba llena de peregrinos judíos que habían venido a la ciudad santa para la fiesta de la Pascua. Todos los varones israelitas estaban obligados a pagar un impuesto al Templo con monedas especiales. Las personas que venían de lugares lejanos necesitaban tener su moneda nativa convertida a la moneda utilizada en el Templo. Los que cambiaban la moneda eran llamados cambistas, y algunos cobraban un alto recargo por el servicio. A aquellos que querían adorar en el Templo también se les pedía comprar animales para el sacrificio de los comerciantes del Templo que los vendían con un margen elevado.

Cuando Jesús entró al Templo, volcó las mesas de los vendedores y exclamó: «¿*No está escrito: "Mi casa será llamada casa de oración para todas las naciones"? Pero ustedes la han convertido en "cueva de ladrones"*».

# PARA MAYOR DISCUSIÓN O REFLEXIÓN PERSONAL:

## [MARCOS 4:1-9]

¿Qué crees que quiso decir Jesús cuando dijo que cualquiera que hiciera la voluntad de Dios era su familia?

Considera la parábola del sembrador, ¿qué tipo de suelo hay en tu vida: poca tierra, tierra poco profunda, tierra llena de espinos o suelo productivo? ¿Por qué? ¿Es posible ser una combinación de algunas o todas?

## [MARCOS 4:21-41]

¿Cuál es la lección aquí acerca de hacer un uso sabio de los recursos de Dios en nuestras vidas?

## [MARCOS 5:24-34]

¿Por qué crees que Jesús no quería que nadie supiera de esto?

¿Puedes relacionarte con esta mujer de alguna manera? ¿Alguna vez has sentido como si hubieras gastado todas las opciones para resolver un problema en tu vida?

Jesús no se atribuyó el mérito de la curación de la mujer. En cambio, él atribuyó su curación a su fe. ¿Cuál crees que fue la fuente de su fe?

SESIÓN 4

# ¿CÓMO ES LA VIDA DE UN DISCÍPULO?

Marcos 6:1-8:21

Jesús enseñó a sus discípulos no sólo a través de la alegría de sus éxitos en el ministerio, sino también cuando su fe decaía... o fallaba. El viaje con él expuso las dudas y las luchas en sus corazones de formas que ninguno de ellos hubiera podido anticipar el día en que él los llamó por primera vez a cada uno para que lo siguieran.

Cuando Jesús y los discípulos se dirigieron a Nazaret, el pequeño pueblo en el que Jesús se había criado, fueron recibidos con amargo desdén. A muchos que lo habían conocido de niño, se les hacía difícil creer en él. Algo estaba pasando en su vida que lo hizo parecer muy diferente de lo que él había sido antes.

Salieron de Nazaret y Jesús decidió enviar a sus seguidores en parejas para difundir su mensaje por toda la región. Los empoderó para que lo representaran al mismo tiempo que predicaban la necesidad del arrepentimiento (cambio de corazón y dirección en la vida), echaban demonios de los oprimidos y sanaban a los enfermos. Jesús les ordenó que viajaran con pocas cosas, sin comida, dinero o ropa extra con ellos, y los animó a quedarse con quienes los recibieran favorablemente.

Las noticias sobre Jesús y el ministerio de sus discípulos se difundió, y el rey Herodes, gobernante de Galilea en el norte de Israel, se enteró. Este es el mismo Herodes que había ordenado la decapitación de Juan el Bautista. Circulaban los rumores en toda la región sobre quién realmente era este Jesús de Nazaret. Herodes lo tomó por Juan el Bautista que había resucitado de los muertos. Otros creían que era uno de los profetas de la antigüedad: tal vez Elías.

Las palabras y obras de los amigos de Jesús demostraron el poder de su mensaje, un poder que no se había visto en Israel desde la época en que vivieron los profetas, cientos de años antes.

[Marcos 6:1-29]

> **¿Por qué crees que los que conocieron a Jesús y a su familia en Nazaret no pudieron aceptarlo como él ahora se estaba expresando?**

Cuando los discípulos regresaron a Jesús después de sus viajes, estaban rebosantes de entusiasmo por todo lo que habían experimentado. Jesús les pidió que se fueran a un lugar tranquilo con él para seguir el informe tal vez, y para descansar.

Pero no tuvieron mucho tiempo para relajarse porque la palabra de las obras de los discípulos se había extendido como la pólvora. Montones de gente desesperada habían seguido a Jesús y a los discípulos hasta el lugar remoto donde se habían escabullido junto al mar de Galilea. Jesús respondió al hambre física y espiritual de la multitud al mismo tiempo que realizó un milagro masivo, alimentando a 5000 personas usando sólo cinco panes y dos pescados. La multitud fue sumergida en una demostración a gran escala del poder creativo de Dios.

**29**

Después, Jesús dejó a sus discípulos y se fue solo a las colinas a orar. Por la tarde, los discípulos habían regresado al mar en su bote, tal vez para pescar algunos peces. Desde la orilla, Jesús podía ver a sus discípulos luchando contra los fuertes vientos. Entonces fue a los discípulos caminando sobre el mar. Los discípulos estaban aterrorizados. Jesús les habló diciendo: «¡*Cálmense! Soy yo. No tengan miedo*».

Se subió a la barca con ellos y el viento amainó. ¿Su respuesta a esta serie de eventos? Estaban completamente asombrados, porque no habían entendido lo de los panes; sus corazones estaban endurecidos.

[Marcos 6:30–56]

> ¿Qué crees que significa tener un "corazón endurecido"? ¿Qué significaría tener un corazón tierno/receptivo? ¿Por qué es eso importante?
>
> Teniendo en cuenta lo que habían experimentado recientemente con Jesús, ¿qué puede explicar el endurecimiento de los corazones de los discípulos?

Aunque Jesús y sus discípulos eran judíos, no se adherían a las tradiciones hechas por el hombre, enseñadas por los líderes judíos religiosos. Cuando los escribas[14] y los fariseos le preguntaron a Jesús por qué era esto así, Jesús les respondió: *"Tenía razón Isaías cuando profetizó acerca de ustedes, hipócritas, según está escrito: "Este pueblo me honra con los labios, pero su corazón está lejos de mí. En vano me adoran; sus enseñanzas no son más que reglas*

---

14   Los escribas fueron los responsables de crear copias perfectas de la Ley en el Antiguo Testamento. También servían como expertos en la Ley, interpretando para su pueblo cómo la Ley estaba destinada a ser expresada en todos los aspectos de la vida diaria.

Cuando los principales sacerdotes y los escribas se enteraron de esto, comenzaron a conspirar en serio para destruir a Jesús. Le temían porque las multitudes de gente común rebosaban de asombro por su enseñanza, y porque había profanado el Templo y su culto.

[Marcos 11:12–18]

> ¿A quién confronta Jesús aquí? ¿Por qué? ¿Crees que esta confrontación cuadra con lo que la mayoría de la gente piensa de Jesús?

# PARA MAYOR DISCUSIÓN O REFLEXIÓN PERSONAL:

## [MARCOS 10:17-31]
¿Qué le hubiera costado al hombre rico seguir a Jesús?

¿Qué quiere decir Jesús con sus palabras "para Dios todas las cosas son posibles"?

## [MARCOS 10:32-45]
¿Cuál es el papel de la competencia de "los últimos serán los primeros, los menos serán los más grandes" en una sociedad?

## [MARCOS 10:46-52]
¿Cómo describirías tu fe? ¿Crees que hay alguna diferencia entre creencia y fe? ¿Por qué sí o por qué no?

## [MARCOS 11:1-11]
En ese día, los soldados romanos y los dignatarios extranjeros hicieron entradas dramáticas en Jerusalén con toda la fanfarria de la realeza. ¿Te parece que este paseo en pollino es el tipo de entrada apropiada para alguien que invita a la ciudadanía en el Reino de Dios? ¿Por qué sí o por qué no?

## [MARCOS 11:12-18]
"¿En qué medida crees que los líderes religiosos a cargo del Templo fueron sinceros de su cargo en el Templo?

Si vieras a algunos líderes religiosos aprovechándose de las personas que están buscando a Dios, ¿estarías dispuesto a hacerles frente? ¿Por qué sí o porque no?

## SESIÓN 7

# ¿CÓMO VEÍAN A JESÚS LOS QUE ESTABAN EN AUTORIDAD?

Marcos 11:19-12:44

Cuando Jesús y sus seguidores llegaron a Jerusalén para celebrar la festividad judía de la Pascua, las tensiones entre Jesús y los líderes religiosos a fuego lento estaban calentándose hasta el punto de ebullición. En esta sesión, exploraremos algunos de los temas "candentes" que llevaron a Jesús a un conflicto creciente con este grupo de hombres poderosos.

Cuando Jesús y los discípulos llegaron al Templo, los que estaban en el poder: los principales sacerdotes, los escribas y los ancianos — se unieron para desafiar a Jesús. Ellos querían saber de dónde había sacado la autoridad para sus palabras y acciones, ya que no se la habían dado ellos. Al final de esta confrontación verbal, Jesús les contó esta historia:

*"Un hombre plantó un viñedo. Lo cercó, cavó un lagar y construyó una torre de vigilancia. Luego arrendó el viñedo a unos labradores y se fue de viaje. Llegada la cosecha, mandó un siervo a los labradores para recibir de ellos una parte del fruto. Pero ellos lo agarraron, lo golpearon y lo despidieron con las manos vacías. Entonces les mandó otro siervo; a este le rompieron la cabeza y lo humillaron. Mandó a otro, y a este lo mataron. Mandó a otros muchos, a unos los golpearon, a otros los mataron".*

*"Le quedaba todavía uno, su hijo amado. Por último, lo mandó a él, pensando: "¡A mi hijo sí lo respetarán!"*

*"Pero aquellos labradores se dijeron unos a otros: "Este es el heredero. Matémoslo, y la herencia será nuestra". Así que le echaron mano y lo mataron, y lo arrojaron fuera del viñedo".*

Jesús continuó diciendo que al final, el dueño de la viña haría justicia a los arrendatarios rebeldes. Los sacerdotes, escribas y ancianos entendieron que Jesús los veía como los inquilinos en esta parábola. Pero tenían miedo de la multitud, así que, en lugar de responder, se alejaron de él, terminando la conversación.

[Marcos 11:19–12:12]

> **¿Cómo hubiera sido darle la bienvenida al hijo a su viña en esta parábola? ¿Quién es el dueño de la viña? ¿El heredero?**

Los líderes espirituales en Jerusalén estaban decididos a encontrar una razón para arrestar a Jesús. Un grupo de ellos vino a Jesús y dijo: *"Maestro, sabemos que eres un hombre íntegro. No te dejas influir por nadie porque no te fijas en las apariencias, sino que de verdad enseñas el camino de Dios. ¿Está permitido pagar impuestos al césar o no? ¿Debemos pagar o no?"*

Jesús conocía su hipocresía. *"¿Por qué me tienden trampas? Tráiganme una moneda romana para verla.*

Le llevaron la moneda, y él les preguntó: *¿De quién son esta imagen y esta inscripción?"*

*"Del César",* respondieron.

Entonces Jesús les dijo: *"Denle, pues, al césar lo que es del césar, y a Dios lo que es de Dios".*

Jesús otra vez burló a los que intentaron hacerle parecer un hereje. A pesar del aparente apoyo de la multitud que creía que Jesús era alguien especial, los líderes religiosos persistieron en sus esfuerzos por destruir a Jesús.

[Marcos 12:13-17]

> **Si Jesús era una amenaza (como los líderes religiosos obviamente creían que lo era), ¿qué estaba en riesgo? ¿Quién estaba en peligro?**
>
> **¿Qué cosas pertenecen a Dios? ¿Qué significa dar a Dios lo que es de Dios? ¿Qué significa dar al César lo que es del César?**

Los principales sacerdotes, escribas, ancianos y fariseos habían lanzado sus dardos a Jesús, confrontándolo sobre varios asuntos tales como por qué sus discípulos comían sin lavarse las manos ceremonialmente y por qué violaba el Sabbat al curar a los enfermos los sábados. A continuación, otro grupo, llamado los saduceos, vino a desafiar a Jesús. Le presentaron una situación hipotética:

*"Maestro, Moisés nos enseñó en sus escritos que, si un hombre muere y deja a la viuda sin hijos, el hermano de ese hombre tiene que casarse con la viuda para que su hermano tenga descendencia. Ahora bien, había siete hermanos. El primero se casó y murió sin dejar descendencia. El segundo se casó con la viuda, pero también murió sin dejar descendencia. Lo mismo le pasó al tercero. En fin, ninguno de los siete dejó descendencia. Por último, murió también la mujer. Cuando resuciten, ¿de cuál será esposa esta mujer, ya que los siete estuvieron casados con ella?"*

Después de declarar que no conocían ni las Escrituras ni el poder de Dios, Jesús respondió: *"Cuando resuciten los muertos, no se casarán ni serán dados en casamiento, sino que serán como los ángeles que están en el cielo. Pero, en cuanto a que los muertos resucitan, ¿no han leído en el libro de Moisés, en el pasaje sobre la zarza, cómo Dios le dijo: "Yo soy el Dios de Abraham, de Isaac y de Jacob". Él no es Dios de muertos, sino de vivos. ¡Ustedes andan muy equivocados!"*

[Marcos 12:18-27]

> ¿Cuáles son tus pensamientos acerca de la resurrección de los muertos? ¿Crees en una vida después de la muerte? ¿Por qué sí o por qué no?

Notando cuán hábilmente respondió Jesús a sus retadores, uno de los maestros de la ley se le acercó y le preguntó cuál de los mandamientos era el más importante.[15]

"*El más importante*", respondió Jesús, "*es este: 'Oye, Israel. El Señor nuestro Dios es el único Señor'*— contestó Jesús—. *Ama al Señor tu Dios con todo tu corazón, con toda tu alma, con toda tu mente y con todas tus fuerzas*". *El segundo es: "Ama a tu prójimo como a ti mismo". No hay otro mandamiento más importante que estos*".

Los líderes religiosos de la época de Jesús creían que era posible amar a Dios sin necesariamente preocuparse por otras personas. El maestro de la ley estuvo de acuerdo con Jesús, y añadió que obedeciendo estos dos mandamientos era mejor que todos los holocaustos y sacrificios prescritos por la ley para obtener el perdón de Dios. Jesús le dijo a este sabio que no estaba lejos del reino de Dios. La respuesta de Jesús al hombre fue asombrosa ya que usó una palabra para 'amor' que se aplica a nuestra voluntad, no a nuestras emociones.

Entonces Jesús les dijo a sus discípulos y a las masas que las demostraciones públicas de rectitud puestas por las autoridades religiosas eran cualquier otra cosa, menos justas.

[Marcos 12:28-40]

**¿Qué significa amarnos a nosotros mismos?**

**¿Es posible amar a Dios y no al prójimo? ¿Por qué sí o por qué no?**

---

15　Podríamos suponer que este maestro le estaba preguntando a Jesús cuál de los Diez Mandamientos era el más importante. De hecho, el hombre le estaba preguntando a Jesús sobre la lista de los 613 mandamientos de la Ley, que se encuentran en los primeros cinco libros del Antiguo Testamento. 248 fueron cosas (positivas que debes hacer) y 365 fueron cosas (negativas que no debes hacer).

Al término de estas conversaciones con los líderes religiosos, Jesús se sentó cerca del lugar donde las ofrendas se recogían en el Templo. Mucha gente rica tiraba en grandes cantidades. Pero vino una viuda pobre y puso dos monedas de cobre muy pequeñas, que valían sólo una fracción de un centavo. Jesús les dijo a sus discípulos que su ofrenda era de mayor valor que las ofrendas de todos los demás porque de su pobreza había dado todo lo que tenía para vivir.

[Marcos 12:41–44]

> ¿Qué te dice este relato sobre los valores de la viuda? ¿Qué valoraba ella? ¿Cuál era su visión de Dios?
>
> ¿Cómo compararías la tuya con la de ella?

# PARA MAYOR DISCUSIÓN O REFLEXIÓN PERSONAL:

### [MARCOS 11:19-33]
¿Por qué crees que Jesús ya no estaba dispuesto a discutir la fuente de su autoridad con los líderes religiosos?

### [MARCOS 12:1-12]
Mientras reflexionas sobre esta historia, ¿puedes pensar en las personas en tu vida que han servido de alguna manera como mensajeros de Dios para ti? ¿Les has dado la bienvenida? ¿O los has ahuyentado?

Si deseas servir a Cristo, ese deseo podría significar que experimentes el mismo tipo de trato que le dieron los sirvientes al dueño del viñedo. ¿Cuáles son tus pensamientos acerca de esta declaración?

### [MARCOS 12:13-17]
¿Por qué los líderes religiosos fueron tan inflexibles en sus esfuerzos por deshacerse de Jesús?

### [MARCOS 12:18-27]
¿Qué crees que quiso decir Dios cuando le dijo a Moisés: "Yo soy el Dios de Abraham, el Dios de Isaac y el Dios de Jacob"? ¿Qué crees que quiso decir Jesús cuando dijo: "Dios no es Dios de muertos sino de vivos"?

### [MARCOS 12:28-40]
¿Estás de acuerdo con Jesús y este escriba acerca cuáles son las reglas/mandamientos más importantes a obedecer? ¿Qué crees que guio (y sigue guiando) a los líderes religiosos a comportarse con Jesús como los fariseos, saduceos, ancianos, sacerdotes y escribas lo hicieron?

**SESIÓN 8**

# ¿EL MENSAJE DE JESÚS SONABA COMO ALGO QUE LA GENTE HABÍA ESCUCHADO ANTES?

JMarcos 13:1-14:11

Aunque la vida y el ministerio de Jesús se refieren a menudo como las "buenas nuevas", él no les prometió a sus seguidores una vida en una tierra de dulce y color pastel. Hay una realidad final aleccionadora en su mensaje. En la sesión de hoy, veremos su explicación del final de su historia (y la nuestra), así como la respuesta de una persona poco convencional a sus palabras y trabajo.

Jesús y sus discípulos habían pasado un tiempo hablando con las multitudes y los líderes religiosos en y alrededor del Templo en Jerusalén. Al salir de la ciudad santa para volver a su alojamiento en el cercano Monte de los Olivos, uno de los discípulos llamó su atención a los magníficos edificios construidos de piedras macizas. *"¿Ves todos estos grandiosos edificios? —contestó Jesús—. No quedará piedra sobre piedra; todo será derribado".*

Algunos de los discípulos le pidieron a Jesús que aclarara las señales que apuntarían a la llegada de "los últimos días". Él respondió: *"Vendrán muchos que, usando mi nombre, dirán: "Yo soy", y engañarán a muchos. Cuando sepan de guerras y de rumores de guerras, no se alarmen. Es necesario que eso suceda, pero no será todavía el fin. Se levantará nación contra nación, y reino contra reino. Habrá terremotos por todas partes; también habrá hambre. Esto será apenas el comienzo de los dolores".*

[Marcos 13:1-5]

> ¿Ves evidencia de "los dolores de parto" en la actualidad? Si es así, ¿cuáles?

Jesús les dijo a sus discípulos que el fin de los tiempos no llegaría sino hasta que el evangelio fuera predicado en todas las naciones. Ellos serían los agentes a través de los cuales se llevaría a cabo esta misión. Les advirtió que pagarían un precio por asociarse con él. Serían traicionados, odiados, golpeados y llevados a juicio, pero les prometió que su Espíritu Santo los equiparía y empoderaría sobrenaturalmente para responder a esta oposición.

*"Todo el mundo los odiará a ustedes por causa de mi nombre, pero el que se mantenga firme hasta el fin será salvo".*

Jesús prosiguió diciendo que la "abominación que causa desolación" estaría en un lugar al que no pertenecía. Aunque no estamos del todo seguros de a quién o a qué se estaba refiriendo Jesús, sabemos que esta abominación que causa la desolación causa una cantidad inimaginable de destrucción. Jesús ofrece a los discípulos la siguiente instrucción para soportar estos días difíciles hasta el final:

> Estate preparado para huir de Jerusalén y dirigirte a las montañas cercanas.
> No intentes llevarte tus pertenencias

- Esta temporada será especialmente dura para las mujeres embarazadas y nuevas mamás; ruega que estos días no tengan lugar durante el invierno.
- Nada como esto ha sucedido antes, y es por el bien de los elegidos que lo han seguido que este tiempo de las pruebas será breve.
- Falsos profetas y mesías haciendo señales y milagros aparecerán para engañar a los verdaderos seguidores.
- El sol, la luna, las estrellas y otros cuerpos celestes se oscurecerán o serán sacudidos de sus posiciones fijas en el cielo, y el Hijo del Hombre vendrá a reunir y salvar a sus elegidos.

Jesús concluye diciendo a sus discípulos: *"Pero, en cuanto al día y la hora, nadie lo sabe, ni siquiera los ángeles en el cielo, ni el Hijo, sino solo el Padre. ¡Estén alerta! ¡Vigilen! Porque ustedes no saben cuándo llegará ese momento".*

[Marcos 13:9-37]

> **¿Qué te gustaría preguntarle a Jesús sobre estas cosas? ¿La Biblia da alguna pista sobre cómo sería esto de la "abominación"? (Pista: Ver Daniel 9:27)**
>
> **Jesús dijo claramente que nadie sabe la fecha ni la hora cuando el Hijo vendrá con gran poder y gloria. ¿Qué opinas de aquellos que están dispuestos a establecer el día y la hora de su venida? ¿Crees que Jesús viene de nuevo? ¿Por qué sí o por qué no?**

Después de esto, Jesús y los discípulos estaban comiendo en la casa de un hombre conocido como Simón el leproso en el pueblo de Betania en el Monte de los Olivos. Una mujer que llevaba un frasco de perfume caro interrumpió la reunión para verter el contenido de la tinaja sobre la cabeza de Jesús.

Algunos de aquellos que estaban presentes decían con indignación uno a otro: *"¿Para qué este desperdicio de perfume? Podía haberse vendido por muchísimo dinero para darlo a los pobres".* Y la reprendían con severidad.

*"Déjenla en paz —dijo Jesús—. ¿Por qué la molestan? Ella ha hecho una obra hermosa conmigo. A los pobres siempre los tendrán con ustedes, y podrán ayudarlos cuando quieran; pero a mí no me van a tener siempre. Ella hizo lo que pudo. Ungió mi cuerpo de antemano, preparándolo para la sepultura. Les aseguro que en cualquier parte del mundo donde se predique el evangelio, se contará también, en memoria de esta mujer, lo que ella hizo".*

Después de este incidente, uno de los discípulos, Judas, fue a los principales sacerdotes para traicionar a Jesús. Estaban encantados con este avance, y le prometieron a Judas algo de dinero como una recompensa. Judas comenzó a buscar una oportunidad para entregar a Jesús.

[Marcos 14:1–11]

> **¿Qué crees que pudo haber llevado a Judas a traicionar a Jesús? ¿Alguna vez has experimentado la traición? Si es así, ¿puedes describir brevemente la experiencia?**

# PARA MAYOR DISCUSIÓN O REFLEXIÓN PERSONAL:

## [MARCOS 13:1-5]

¿Cómo te impactan las palabras de Jesús sobre los últimos días? ¿Los encuentras sombríos? ¿Hasta qué punto te preocupan o te hacen pensar en cómo vivir tu vida?

## [MARCOS 13:9-37]

¿Dónde crees que los falsos profetas y los falsos salvadores ganan el poder para hacer señales y milagros?

## [MARCOS 14:1-11]

¿Se desperdició el costoso perfume? ¿Por qué piensas que en esta ocasión Jesús no "compró" el argumento que procedía de que la venta del perfume se podría haber dado a los pobres? (Es interesante notar que en el relato de este evento encontrado en Juan 12:1-11, el que objetó más fuerte fue Judas, quien servía como tesorero de los discípulos).

Jesús les dijo a sus discípulos que "dondequiera que se predicara el evangelio en todo el mundo, lo que ella había hecho también se contaría, para recordarla a ella". Por qué crees que Jesús vinculó el acto de esta mujer anónima con la predicación del evangelio?

## SESIÓN 9

# ¿CÓMO PASÓ JESÚS LOS ÚLTIMOS DÍAS CON LOS DISCÍPULOS?

Marcos 14:12-14:52

Es difícil para la mayoría de nosotros imaginar lo rápido que cambiaron las cosas para Jesús durante sus últimos días en Jerusalén. Cuando entró a la ciudad, fue recibido como un héroe. Pero a los pocos días, uno de sus seguidores más cercanos lo traicionó y el resto lo abandonó.

Aunque la distancia geográfica desde la mesa de la Pascua hasta su "prueba" en medio de la noche es muy corta, cada paso de los eventos de este día marca el viaje más largo de la vida de Jesús.

El primer día de la observancia de la Pascua, Jesús envió a dos de los discípulos a la ciudad, mandándoles que siguieran a un hombre cargando un cántaro de agua hasta llegar a su destino. Jesús les dijo que le preguntaran al dueño de esa casa dónde él y sus discípulos podrían reunirse para la cena especial de Pascua. Él dijo que el dueño de la casa los dirigiría a una gran sala amueblada del aposento alto que estaba listo y esperándolos. La pareja siguió las instrucciones de Jesús y prepararon la comida y el vino para la comida.

Cuando Jesús y los discípulos estaban comiendo la comida de la Pascua esa tarde, Jesús dijo: *"Les aseguro que uno de ustedes, que está comiendo conmigo, me va a traicionar"*.

Su declaración entristeció al grupo y cada uno le preguntó: *"¿Acaso seré yo?"*

Él afirmó que iba a ser uno de los Doce, y continuó: *"A la verdad, el Hijo del hombre se irá tal como está escrito de él, pero ¡ay de aquel que lo traiciona! Más le valdría a ese hombre no haber nacido".*

[Marcos 14:12-21]

> **Conociendo que Judas iba a traicionar a Jesús, ¿por qué Jesús lo mantuvo cerca de él?**

El vino y los panes sin levadura siempre habían sido un elemento esencial como parte de la comida de la Pascua durante cientos de años, pero Jesús tomó estos símbolos y les infundió un nuevo significado en la cena de Pascua que compartió con los discípulos en la parte superior de la habitación.

Jesús tomó pan, dio gracias y lo partió, y dio a sus discípulos, diciendo: *"Tomen; esto es mi cuerpo".* Después tomó una copa, dio gracias y se la dio a ellos, y todos bebieron de ella. *Esta es mi sangre del pacto, que es derramada por muchos* —les dijo—. *Les aseguro que no volveré a beber del fruto de la vid hasta aquel día en que beba el vino nuevo en el reino de Dios".*

Concluyeron la comida de la Pascua de una forma tradicional, cantando un himno.

Después de la comida, regresaron al Monte de los Olivos. Jesús les dijo que se apartaría de ellos, citando la profecía del Antiguo Testamento: *"Heriré al pastor, y se dispersarán las ovejas". Pero, después de que yo resucite, iré delante de ustedes a Galilea".*

Pedro declaró: *"Aunque todos te abandonen, yo no".*

*"Te aseguro* —le contestó Jesús— *que hoy, esta misma noche, antes de que el gallo cante por segunda vez, me negarás tres veces".*

Pero Pedro insistió enfáticamente: *"Aunque tenga que morir contigo, jamás te negaré".* Y los otros dijeron lo mismo.

[Marcos 13:22-37]

> **¿Por qué crees que Jesús le asignó tal importancia a la comida de esta Pascua?**

En la tarde de ese día, salieron al Jardín cercano de Getsemaní. Jesús les pidió a sus discípulos que esperaran mientras él iba a orar. Se llevó a Pedro, Santiago y a Juan con él y les dijo de su gran tristeza.

Yendo un poco más adelante, se arrodilló y oró que si fuera posible que esa hora pasara de él. *"Abba, Padre, todo es posible para ti. No me hagas beber este trago amargo, pero no sea lo que yo quiero, sino lo que quieres tú".*

Regresó y encontró a los discípulos dormidos. Le preguntó a Pedro y a los otros: *"¿No pudiste mantenerte despierto ni una hora?"* Discutió con ello de velar y orar para que no fueran vulnerables a la tentación. Esta escena se repitió dos veces durante esa larga noche.

Regresando una tercera vez, les dijo: «¿*Siguen durmiendo y descansando? ¡Se acabó! Ha llegado la hora. Miren, el Hijo del hombre va a ser entregado en manos de pecadores. ¡Levántense! ¡Vámonos! ¡Ahí viene el que me traiciona!*»

[Marcos 14:32-42]

> ¿Qué revela la experiencia de Getsemaní sobre la identidad de Jesús y su relación con Dios? ¿Qué es lo que más le llama la atención de su oración?

Dirigido por Judas, una multitud enviada por los líderes religiosos y armada con grupos y espadas entraron al jardín. Ahora bien, el traidor había acordado una señal con ellos:

«*Al que yo le dé un beso, ese es; arréstenlo y llévenselo bien asegurado*». Yendo en un instante hacia Jesús, Judas dijo: "*Rabí*" y lo besó. Los hombres agarraron a Jesús y lo arrestaron.

Uno de los que estaba con Jesús sacó su espada y cortó la oreja de unos de los sirvientes del sumo sacerdote. "*¿Acaso soy un bandido* —dijo Jesús—, *para que vengan con espadas y palos a arrestarme? Día tras día estaba con ustedes, enseñando en el templo, y no me prendieron. Pero es preciso que se cumplan las Escrituras*". Luego cada uno lo abandonaron y huyeron.

[Marcos 14:43:52]

> ¿Te sorprende que cada uno de los discípulos haya huido? ¿Por qué sí o por qué no? ¿Qué hubieras hecho tú si hubieras estado en su lugar?

Después de que Jesús fuera arrestado en medio de la noche, Pedro (y tal vez, algunos de los otros) lo siguió, calentándose a sí mismo cerca de un fuego en el gran patio de la casa del sumo sacerdote. Una sirvienta le dijo: *"Tú también estabas con ese nazareno, con Jesús"*.

Pedro rápidamente lo negó.

La chica insistió en que Pedro era uno de ellos. Pedro le dijo que no entendía lo que ella estaba hablando y se alejó para unirse a otro grupo acurrucado conversando. Algunos de ellos notaron su acento galileo e insistieron en que estaba con Jesús y los otros discípulos.

Pedro respondió con ira, invocando maldiciones sobre sí mismo, y les juró: *"¡No conozco a ese hombre del que hablan!"*

Inmediatamente el gallo cantó por segunda vez. Entonces pedro recordó la palabra que Jesús le había dicho: «*Antes de que el gallo cante por segunda vez, me negarás tres veces*». Y él se derrumbó y lloró.

[Marcos 14:66-72]

La negación de Pedro nos dice algo acerca de la rapidez con que la valentía y la determinación pueden derretirse ante un desafío. Aunque Pedro había insistido en que seguiría a Jesús a cualquier lugar, había caído dormido en el Huerto tres veces después de que Jesús había rogado a los discípulos velar en oración con él, y él lo había negado conociendo a Jesús apenas unas horas después.

Y, sin embargo, nada de esto fue una sorpresa para Jesús.

Él sabía exactamente de qué estaban hechos sus amigos, y los eligió de todos modos. También sabía que la negación de Pedro esa noche no era en el mismo nivel asesino que la traición de

Judas. Jesús sabía que cuando Pedro descubriera exactamente de lo que Pedro estaba (¡y no!) hecho, el perdón transformaría a Pedro de negador a proclamador imparable. El fracaso de Pedro no fue el fin de su historia.

> ¿Has negado alguna vez conocer a Jesús? Si es así, bajo ¿qué circunstancias? ¿Cómo te sentiste después?

# PARA MAYOR DISCUSIÓN O REFLEXIÓN PERSONAL:

## [MARCOS 14:12-21]

¿Qué crees que le permitió a Jesús anticipar los arreglos previstos para la cena de Pascua?

¿Cómo crees que Jesús sabía de la traición de antemano?

## [MARCOS 13:22-37]

Si hubieras estado presente en esta cena de Pascua, ¿qué emociones podrías haber experimentado? ¿Por qué lo dices?

¿Crees que Pedro y los demás eran absolutamente sinceros al declarar su lealtad a Jesús? ¿Por qué sí o por qué no?

## [MARCOS 14:32-42]

¿Qué podría explicar la falta de disciplina por parte de Pedro, Santiago y Juan sobre la petición de Jesús de vigilar mientras oraba?

SESIÓN 10

# ¿FUE ESTE EL FIN DEL CAMINO DE JESÚS?

Marcos 14:53-15:39

El camino de Jesús lo conduce desde una mesa rodeado de amigos a dos juicios apresurados a un lugar de tortura y ejecución en las afueras de la ciudad de Jerusalén. Fue a un lugar de sufrimiento y aislamiento para salvar a cada uno de nosotros de tener que viajar allí nosotros mismos.

Después de que Judas traicionara a Jesús en medio de la noche, sus captores llevaron a Jesús a un lugar donde el sumo sacerdote, los principales sacerdotes, los ancianos y los maestros de la ley habían ensamblado. Muchos testificaron falsamente contra Jesús, pero sus declaraciones no estaban de acuerdo.

El sumo sacerdote que estaba dirigiendo el juicio le preguntó a Jesús: *"No tienes nada que contestar? ¿Qué significan estas denuncias en tu contra?"*

Jesús permaneció en silencio.

Una vez más el sumo sacerdote le preguntó: *"¿Eres el Cristo, el Hijo del Bendito?"*

*"Sí, yo soy —dijo Jesús—. Y ustedes verán al Hijo del hombre sentado a la derecha del Todopoderoso, y viniendo en las nubes del cielo."*

En ese momento, el sumo sacerdote rasgó sus vestiduras, expresando su indignación, y le preguntó qué otra evidencia contra Jesús era necesaria, insistiendo que Jesús era culpable de blasfemia. Todo el grupo estuvo de acuerdo, condenando a Jesús como digno de muerte. Unos lo escupieron, otros lo golpearon, intentando humillarlo vendándole los ojos y desafiándolo a profetizar.

[Marcos 14:53-65]

> **Si tú fueras designado abogado para representar a Jesús en el juicio, ¿qué argumento habrías hecho para su inocencia?**
>
> **¿Crees que algún argumento, por brillante que fuera concebido y hábilmente presentado, podría haber persuadido al jurado de sacerdotes para absolver a Jesús?**

Temprano a la mañana siguiente, los líderes religiosos ataron a Jesús y lo entregó a Pilato, el gobernador romano de la región. Pilato era responsable ante Roma de preservar el orden en su jurisdicción. Tal como lo había hecho cuando estaba de pie ante el alto sacerdote, Jesús no se defendió en su juicio ante Pilato.

Cada año, durante la fiesta de la Pascua, Pilato soltaba cualquier prisionero que pedía la multitud. Cuando la multitud pidió a Pilato poner en libertad a un preso, él les preguntó: *"¿Quieren que les suelte al rey de los judíos?* Pilato sabía la única razón por la que los principales sacerdotes le habían entregado a Jesús, era porque estaban celosos de Jesús. Pero los principales sacerdotes agitaron a la multitud a pedir a Pilato que liberase a Barrabás, un nacionalista judío condenado por cometer un asesinato durante un motín.

*"¿Y qué voy a hacer con el que ustedes llaman el rey de los judíos?"* —les preguntó Pilato.

*"¡Crucifícalo!"* ellos gritaron.

*"¿Por qué? ¿Qué crimen ha cometido?* preguntó Pilato.

Pero ellos gritaron aún más fuerte: *"¡Crucifícalo!"*.

Queriendo satisfacer a la multitud, Pilato les soltó a Barrabás. Hizo azotar a Jesús y lo entregó para que lo crucificaran.

[Marcos 15:1–15]

> **Si se te concediera una entrevista con Pilato en los días después del juicio de Jesús, ¿qué preguntas le harías?**

Los soldados fueron acusados de llevar a cabo la crucifixión de Jesús. Se arrodillaron ante él en fingido homenaje y le ofrecieron el saludo sarcásticamente *(¡Salve, rey de los judíos!)*. Lo golpearon, lo escupieron, lo vistieron con un manto de púrpura y le pusieron una corona de espinas en su cabeza. Cuando terminaron tratando de humillarlo, lo despojaron del manto y le pusieron su propia ropa de nuevo. Luego lo llevaron fuera de la ciudad para crucificarlo y obligaron a un transeúnte, Simón de Cirene, a llevar su cruz.

Llevaron a Jesús fuera de Jerusalén a un lugar llamado Gólgota para crucificarlo. Le ofrecieron vino mezclado con la hierba mirra como anestésico, pero se negó a beberla. Lo clavaron a la cruz a la hora tercera del día, a las 9 a.m.

Repartieron sus vestidos entre ellos y echaron suertes para decidir cada soldado qué tomaría.

Publicaron el cargo contra él, *El REY DE LOS JUDÍOS*, en la cruz: Y crucificaron a dos ladrones a cada lado de él.

Los transeúntes y los líderes religiosos se burlaban de él y le arrojaban insultos. Al mediodía, la oscuridad cubrió la tierra. A las 3 (la hora novena) Jesús clamó angustiado: *"Dios mío, Dios mío, ¿por qué me has desamparado?"*

Después de ser burlado con una esponja llena de vinagre para beber, con un fuerte grito, Jesús expiró. En ese momento, la cortina del templo se rasgó en dos, de arriba abajo.

Un comandante militar romano que había sido testigo de la muerte de Jesús dijo: *"¡Verdaderamente este hombre era el Hijo de Dios!"*

[Marcos 15:16-39]

> **Si le preguntaras a Jesús qué quiso decir cuando dijo que Dios lo había abandonado, ¿cuál crees que sería su respuesta?**
>
> **¿Qué crees que motivó al comandante militar romano a declarar que Jesús era el Hijo de Dios?**
>
> **La gente respondió a la crucifixión de Jesús de varias maneras, y todavía lo hacen hasta hoy. ¿Qué opinión tienes acerca de los diferentes relatos?**
>
> **Y lo que es más importante, ¿cómo respondes a su crucifixión?**

# PARA MAYOR DISCUSIÓN O REFLEXIÓN PERSONAL:

## [MARCOS 14:53-65]
¿Tuvo Jesús un juicio justo?

## [MARCOS 15:1-15]
¿Cómo explicas el papel que jugó la multitud en el drama del arresto y condena de Jesús?

¿Qué tan susceptible eres a una "mentalidad de mafia"? ¿Alguna vez te has visto envuelto en un evento de gran presión de grupo? Si es así, ¿cómo respondiste?

## [MARCOS 15:16-39]
Los líderes religiosos sugirieron que, si Jesús era el Cristo, el Mesías que habían estado esperando, bajara de la cruz y se salvara a sí mismo. ¿Qué le dirías a los líderes religiosos en respuesta a esta suposición? ¿Qué implican las palabras de los líderes religiosos sobre su entendimiento del Mesías?

## SESIÓN 11

# ¿CÓMO PUEDE UNA TUMBA VACÍA CONTENER UNA INVITACIÓN?

Marcos 15:40-16:20

La historia de Jesús no terminó el día que murió. Si lo hubiera hecho, él sería recordado como un maestro dinámico, un compasivo sanador, o un renegado sin miedo por decir la verdad al poder.

En cambio, nuestro viaje con Jesús nos lleva al lugar donde sus seguidores afirman que el mayor enemigo de la raza humana fue vencido de una vez por todas: una tumba vacía al amanecer.

L as mujeres que habían seguido a Jesús a todas partes: María Magdalena, María la madre de Santiago el menor y de José, y Salomé, fueron testigos de la crucifixión de Jesús a la distancia.

Estas mismas mujeres acompañaron a José de Arimatea, un miembro respetado del liderazgo religioso, mientras llevaba el cuerpo de Jesús a una tumba de su propiedad. Después de envolver el cuerpo en lino, José colocó el cuerpo en un sepulcro excavado en la roca y luego le hizo rodar una gran piedra de molino sobre la abertura de la tumba antes del comienzo del Sabbat judío.

Justo después del amanecer del primer día de la semana, después que el Sabbat terminara, las mujeres se dirigieron al sepulcro para preparar el cuerpo de Jesús para su entierro final. Se preguntaron en voz alta cómo moverían la pesada piedra de molino que estaba bloqueando la entrada a la tumba.

Pero cuando miraron hacia arriba, vieron que la piedra, que estaba muy grande, había sido rodada. Cuando entraron a la tumba, vieron a un joven vestido con una túnica blanca sentado al lado derecho, y se alarmaron.

*"No se asusten* —les dijo—. *Ustedes buscan a Jesús el nazareno, el que fue crucificado. ¡Ha resucitado! No está aquí. Miren el lugar donde lo pusieron. Pero vayan a decirles a los discípulos y a Pedro: "Él va delante de ustedes a Galilea. Allí lo verán, tal como les dijo".*

Temblando y desconcertadas, las mujeres salieron y huyeron de la tumba. No dijeron nada a nadie, porque tenían miedo.

[Marcos 15:40–16:8]

> **¿Qué podría ser significativo acerca de quién descubrió la tumba vacía?**
>
> **¿Por qué las mujeres estaban temblando, desconcertadas y asustadas?**
>
> **¿Cómo ilumina la resurrección el mensaje que Jesús dio a lo largo de su ministerio?**

Más tarde Jesús apareció a los Once mientras comían; él los reprendió por su falta de fe y su terquedad negativa de creer a aquellos que lo habían visto después que resucitó. Él luego les encargó que predicaran el evangelio tanto de palabra como con obra sobrenatural: *"Vayan por todo el mundo y anuncien las buenas nuevas a toda criatura. El que crea y sea bautizado será salvo, pero el que no crea será condenado".*

Los discípulos salieron y predicaron por todas partes, y el Señor trabajó con ellos y confirmó su palabra por las señales que la acompañaban.

[Marcos 16:9-20]

> **¿Te sorprende que Marcos (y Pedro, que era probablemente un medio para este evangelio) fue tan "brutalmente honesto" como para reconocer la "falta de fe" y la "terca negativa a creer" por parte de los más cercanos a Jesús?**
>
> **¿Por qué crees que ellos estaban dispuestos a permitir que aquellos a quienes estaban compartiendo el evangelio supieran esto?**
>
> **¿Cuál es tu comprensión de Jesús después de tomar este viaje? ¿Qué nuevos descubrimientos hiciste? ¿Qué nuevas percepciones obtuviste?**

Tu viaje no ha terminado.

Quizás tu viaje con Jesús acaba de comenzar. O tal vez te han desafiado a seguirlo más de cerca como nunca lo habías hecho antes. La tumba vacía tiene una invitación sólo para ti. Contiene la misma invitación que hizo a sus primeros amigos y seguidores: *"Sígueme".* El Salvador vivo resucitado del mundo.

> **¿Cómo responderás? ¿Qué se requerirá de ti para seguir a Jesús aquí y ahora?**

# EPILOGO

Durante las 11 sesiones de este estudio, has probado un poco de lo que experimentaron los primeros discípulos mientras caminaban con Jesús a lo largo de los tres años y medio de su vida activa en el ministerio. Has tenido una aventura vertiginosa junto con los de tu grupo. Las preguntas han guiado tu tiempo de diálogo durante este estudio. Nos gustaría dejarte con algunas más preguntas para considerar por tu cuenta.

1. ¿Estás dispuesto a pedirle a Jesús que te dé un nuevo comienzo con él y transformar tu vida?

2. ¿Puedes hacer que seguirlo sea tu máxima prioridad?

3. ¿Qué le dirías a otra persona sobre lo que estás aprendiendo acerca de Jesús?

4. ¿Estás dispuesto a compartir las Buenas Nuevas acerca de él on otros en tu mundo?

A medida que continúas viajando con Jesús, recuerda que no viajas solo. Él se te ha adelantado para iluminar el sendero, y él promete estar contigo en cada paso del camino. Él promete dar una vida con propósito, floreciente y significativa ahora y por la eternidad a todos los que con él caminan, a cada persona que afirma que Jesús es Señor y Salvador. Además, ha prometido proporcionar la sabiduría, el poder e incluso las palabras que necesitas para invitar a otros a seguirlo también.

Si te ha gustado este estudio de la vida de Jesús contada por el apóstol Marcos, es posible que desees estudiar la carta de Pablo a la iglesia en Roma. *ILUMINANDO EL CAMINO* es un descubrimiento de 12 sesiones para grupos pequeños de los fundamentos de la vida cristiana durante el cual veremos cómo el apóstol Pablo destella luz sobre las "Buenas Nuevas" de Dios.

También puedes considerar estudiar la vida de Jesús como dice el apóstol Juan. *TRANSFORMACIÓN* es un descubrimiento en grupos pequeños de 13 sesiones diseñada para profundizar tu comprensión del amor y el perdón de Dios expresados en la vida y las enseñanzas de Jesucristo. *ILUMINANDO EL CAMINO* y *TRANSFORMACIÓN* de *Living Dialog Ministries*, están disponibles en librerías y minoristas en línea en todo el mundo.

Por favor visita nuestro sitio web, *www.lifesbasicquestions.com*, para obtener un

lugar para abordar algunas de las cuestiones centrales de la vida. El sitio web está diseñado para ser una forma fácil de dialogar sobre los tipos de problemas que podrías encontrar en tu estudio del Evangelio de Marcos. También hay un lugar en el sitio web para que los visitantes hagan sus propias preguntas y reciban una respuesta confidencial del equipo de Ministerios Diálogo Vivo. Es un recurso muy útil, sin costo que puedes compartir con otros.

# ACERCA DE NOSOTROS

**JOHN C. (JACK) DANNEMILLER**, presidente y director ejecutivo de *The Living Dialog Ministries* [Ministerios Viviendo el Diálogo], es el ex presidente y director ejecutivo de *Applied Industrial Technologies*, una corporación *Fortune* de 1000. Es un líder de 30 años de estudios bíblicos de grupos pequeños, un orador frecuente en eventos de *Christian Businessmen* y un conferencista en la Escuela Weatherhead de Graduados en Negocios de la Universidad Case Western Reserve donde fue honrado con el *Distinguished Alumni Award*.

**IRVING R. STUBBS**, presidente emérito de *The Living Dialog Ministerios* [Ministerios Diálogo Vivo], es un ministro con títulos de la universidad de Davidson y del Seminario Teológico Unión en Nueva York. Sirvió en pastorados, un ministerio urbano y consultor de empresas, medios de comunicación, religiosos, gobierno y organizaciones profesionales y de sus ejecutivos en América del Norte, Europa y Asia. Es autor y coautor de libros, artículos y recursos de aprendizaje.

**MICHELLE VAN LOON** es autora de dos libros sobre las parábolas de Cristo y ha contribuido en proyectos devocionales. Ha realizado una amplia variedad de escritos independientes, incluidas obras de teatro y parodias, planes de estudios, artículos y escritura fantasma. Ella ha sido una directora de comunicaciones de iglesia, formó parte del personal de la Universidad Trinity International, y actualmente se encarga de las responsabilidades de comunicación de forma independiente para un puñado de pequeñas organizaciones sin fines de lucro basadas en la fe. Ella bloguea en *www.patheos.com/blogs/peregrinosroadtrip/*.

**HENRY R. (HARRY) POLLARD, IV**, Secretario de *The Living Dialog Ministries* [Ministerios Diálogo Vivo], es presidente, socio y abogado en ejercicio con Parker, Pollard, Wilton & Peaden, PC de Richmond, Virginia donde ha ejercido la abogacía durante más de 40 años. Ha servido como funcionario y director de numerosas empresas, incluidas entidades bancarias, inmobiliarias y financieras. Es co-fundador y presidente del Instituto de Valores de América.

**KENT E. ENGELKE**, tesorero de *The Living Dialog Ministeries* [Ministerios Viviendo el Diálogo], es Director Gerente y Jefe Económico y Estratega de *Capitol Securities Management*, una empresa de $6.1 mil millones de gestiones de activos, y se ha desempeñado como director de varios bancos que cotizan en la bolsa y empresas de banca hipotecaria. Sus puntos de vista sobre la economía y los mercados son rutinariamente solicitados por los principales medios de comunicación. Él le da crédito a Dios por las palabras que escribe a diario y agradece a Dios por el valor y la perseverancia en la superación de obstáculos.

**BRIAN N. REGRUT**, director ejecutivo de *The Living Dialog Ministries* [Ministerios Viviendo el Diálogo], es un ex ejecutivo de relaciones públicas y consultor, escritor de discursos corporativos, autor y conferencista sirviendo a clientes en los campos de telecomunicaciones, finanzas, servicios y educación. Ha servido en una variedad de roles en las iglesias de liderazgo incluyendo la predicación y la enseñanza. Él y su esposa de más de 50 años han enseñado juntos en la escuela dominical y han dirigido estudios bíblicos en grupos pequeños durante muchos años.

**LA DRA. FRANCELIA CHÁVEZ DE McREYNOLDS** nació en CDMX pero vivió muchos años en Villahermosa, Tab., donde conoció el Evangelio y fue llamada a ser misionera a la edad de 24 años. Está casada con el misionero Christopher. Tiene un doctorado en Misionología de la Facultad Teológica de Brasil; una Maestría en Artes y Religión del Seminario Teológico Westminster en Pensilvania, E.U.; y una licenciatura en Idiomas y otra en Teología en México. Ha escrito currículo para niños, jóvenes y adultos. Ha sido profesora en diversos seminarios teológicos y escrito y dado conferencias sobre consejería, teología, misiones y educación bíblica. Francelia y Chris son los directores del Programa AMO en México.

# UNA HERRAMIENTA QUE INVITA AL PENSAMIENTO SOBRE EL EVANGELISMO PARA IGLESIAS Y ORGANIZACIONES

Para aquellos que están en un viaje de descubrimiento, finalmente respuestas a las más profundas preguntas de la vida. Este pequeño libro ha sido distribuido a miles.

Disponible a granel a un precio razonable con una funda personalizada con tu logo y mensaje de tu iglesia u organización.

**Únete al diálogo**

*www.lifesbasicquestions.com*

**Para precios por correo electrónico**

*info@livingdialog.com*

# CHECA LOS OTROS GRUPOS PEQUEÑOS DE DESCUBRIMIENTO

## TRANSFORMACIÓN

está diseñado para guiar a tu pequeño grupo a través de un estudio gratificante de la vida de Jesúscomo lo relata el Apóstol Juan.

Durante las 13 sesiones llenas de preguntas que invitan a la reflexión, te involucrarás con otros en un formato interactivo que te permite obtener nuevos conocimientos sobre Jesús: Hijo de Dios y Salvador de la humanidad.

## ILUMINANDO EL CAMINO

eayuda a guiar grupos pequeños en un emocionante descubrimiento, de la carta del apóstol Pablo a los seguidores de Cristo que vivían en Roma. En esta epístola, Pablo establece las principales doctrines del Cristianismo que han guiado a la Iglesia por dos milenios. Cada una de las 12 sesiones comienza con una pregunta que invita a la reflexión y lleva al grupo a una narrativa corta, bíblicamente precisa intercalada con preguntas que el grupo puede usar como iniciadores del diálogo.

www.ingramcontent.com/pod-product-compliance
Lightning Source LLC
Chambersburg PA
CBHW072104290426
44110CB00014B/1828